LETTRE

DE M. A. B. C..

SUR

DEUX ARTICLES DE FINANCE DE M. Z,

Insérés dans le *Journal Général* des 27 et 28 février dernier.

PARIS;

LE NORMANT, IMPRIMEUR-LIBRAIRE,

1817.

LETTRE

DE

Mr *A. B. C.* A UN DE SES AMIS,

Sur les Articles de Mr Z., du Journal général, 27 et 28 février 1817.

———

$\mathbf{V}$ous me l'aviez bien dit, mon cher ami ;
« les gens sensés ne tarderont guère à re-
» connoître les dangers du système d'amor-
» tissement dans un pays comme la France,
» où les doctrines brillantes sont embrassées
» avec une ardeur qui va jusqu'au délire,
» où l'esprit dévore l'espace la durée, et
» se précipite sans mesure au-delà du pos-
» sible en toutes choses pour suivre des chi-
» mères. »—« Je serois bien trompé, ajoutiez-
» vous, si bientôt après que l'amortissement
» se sera naturalisé dans ce royaume, nous
» n'y essuyons la bourasque d'un nouveau sys-

1.

» tème de Law. Puisque cette institution
» financière est chez les Anglais un fleuve
» rapide qui fertilise, il faudra bien qu'en
» France ce soit un torrent qui dévaste. La
» mode s'en mêlera ; tout le monde, jus-
» qu'aux jolies femmes, voudra se faire
» initier à l'amortissement ; vous verrez,
» chaque matin, de nouvelles petites banques
» amortissantes affichées au coin des rues ;
» on amortira *stans pede in uno*; beaucoup
» d'honnêtes gens feront des dettes pour le
» plaisir de les amortir, et beaucoup de rusés
» fripons profiteront de l'occasion pour
» amortir les leurs. » Vous vous fondiez sur
cette idée, que l'amortissement est principa-
lement une ressource dans la détresse des
finances et du crédit d'un Etat, et qu'on en
vouloit faire à Paris , depuis quelque temps,
une source inépuisable de richesses. Hé bien,
ce que vous pensiez si sagement, un écrivain
de beaucoup d'esprit, qui se nomme Z, et
qui paroît expert sur cette matière, vient
de l'indiquer dans une gazette. Il aura jeté
la première alarme sur les suites du mer-
veilleux orviétan de M. Pitt, qui pourtant a
de bonnes propriétés, il en faut convenir,

et ce sera un honneur pour sa mémoire si quelque jour il nous dit son nom. Il a très-bien montré que des chiffres ne sont point des faits, que le bureau du calculateur n'est point la scène du monde, et qu'avec des hommes et des passions, deux et deux ne font pas toujours quatre : d'où il suit (ce que M. Z ne dit pas assez) qu'il faut revenir à vivre d'économie, quoique l'amortissement prouve par chiffres qu'on peut s'en passer, et que les anticipations indéfinies sont un grand malheur en même temps qu'une grande faute, encore que l'amortissement prétende le contraire, et se flatte d'aller plus vite que toutes les anticipations et toutes les dettes du monde. Mais, mon cher ami, je ne puis m'empêcher de vous soumettre quelques réflexions sur certaines conséquences que M. Z tire de ses excellens principes, et sur celles qu'il ne tire pas. Je le trouve *querellable* sur plusieurs points dans ses assertions et dans son silence, et j'avois envie de le quereller directement; j'ai su depuis qu'il ne falloit pas se jouer au *Journal Général*, parce qu'il venoit de faire provision d'argumens *à fortiori*. Ayez donc pour agréable que l'affaire se vide entre nous, et ne mettons, tout au plus, dans la confidence qu'un de ces imprimeurs de pamphlets qui font le commerce des pensées libres et quelques lecteurs de passage. Au fait.

M. Z ne présente que deux moyens de prévenir les dangers de l'amortissement. Le premier, de brûler de dix ans en dix ans la moitié du capital racheté par la caisse amortissante ; le second, d'assigner à cette caisse, pour dotation, les huit cent mille hectares de forêts restant à l'Etat, après la restitution des quatre cent mille hectares du clergé, qu'il suppose faite assez gratuitement, si je ne me trompe, et il joint libéralement à son plan un mode d'aliénation de l'immense capital dont nous venons de parler. En deux mots, brûler et vendre, voilà tout son secret, mais d'abord brûler. Eh quoi ! brûler tous les dix ans des valeurs qui agissent pour la libération publique en raison de l'intérêt composé, le tout afin de soulager le trésor de quelques parties d'une dette à intérêts simples, est-ce donc amortir par fractions ? Je ne le pense pas. Ce sera tout ce que voudra M. Z, excepté amortir. Sera-ce une bonne opération? Je ne le pense pas non plus, sauf votre avis. Il me semble que c'est là tout bonnement arrêter l'amortissement dans son cours naturel, le faire agir contre les principes sur lesquels il repose, et tomber soi-même dans une contradiction palpable. Ce qui caractérise le système anglais, et ce qui en fait plus qu'un système, c'est la progression et la cumulation non interrompue de ses moyens, opposées à l'accroissement infiniment plus lent du fardeau qu'il s'est chargé de porter. Chercher à diminuer ce fardeau, est une fort utile chose dans l'intérêt du système, pourvu qu'on ne diminue pas en même temps les ressources avec lesquelles il agit; mais imaginer que l'on atteint ce but en donnant, tous les dix ans, à l'État une partie du capital amortissant, qui, laissée à sa destination primitive, auroit représenté, dix ans plus tard, une somme double de ce que l'État aura reçu par ce présent, est à mon sens une erreur bénévole. Donner aujourd'hui 100 millions portant intérêt à 5 pour 100 pendant dix ans, et empêcher par là qu'au bout de dix ans l'amortissement ne puisse donner 300 millions, ce n'est point donner 150 millions, c'est en ôter 150. Ici, la foi est due aux *chiffres*, parce qu'ils sont opposés à des *chiffres*, et que les données morales n'entrent pour rien dans le calcul. Je vois une autre raison de ne brûler, tous les dix ans, ni tout, ni moitié des inscriptions de rentes acquises par l'amortissement dans la vue de racheter un jour la dette intégrale, c'est qu'à cette époque même il ne faudra rien brûler. Il est *faux* que le jour où toute la dette sera repompée (*proh! dies ista quando venerit!*) l'Etat se trouvera justement dans la situation d'un homme dont la main droite doit à la main-gauche, et qu'il devra jeter ses titres de créance au feu. Il pourra, selon moi, faire un meilleur usage de ses inscriptions, qui ne seront pas même alors des valeurs négatives, ainsi que le prétend M. Z, mais des valeurs très-réelles, puisqu'elles seront négociables au pair sur toutes les places de l'Europe, et d'autant plus réelles qu'elles joindront une valeur d'opinion à leur valeur nominale, qu'elles seront des valeurs de crédit aussi bien que de fait. Au lieu de les brûler sous le prétexte puéril que, continuer le service des rentes de l'Etat avec les impôts, seroit grever sans profit la nation, je mettrois au premier rang des dépenses le service de ces rentes, fût-il de 200 millions, et j'économiserois la sueur des peuples sur tant d'autres articles du budget dont M. Z ne dit pas un mot. Eh ! par quelle fatalité la caisse d'amortissement deviendroit-elle donc inutile du jour où elle seroit devenue riche, et où elle auroit tenu ce qu'elle avoit promis ? Qui empêcheroit cette caisse libératrice de rendre encore d'éminens services ! Ne pourroit-elle donc pas, en changeant son nom contre celui de *Caisse de crédit national*, changer aussi de rôle, revendre en conscience avec avantage une portion de ce qu'elle auroit acheté avec tant de bonheur et de fidélité, lier ainsi, par l'intérêt, les diverses parties du grand corps politique, faire jouer de mille manières son intérêt composé, au profit de l'Etat, sans rien risquer, et saisir de sa main toute massive ces innombrables bénéfices que le temps et le hasard font voltiger sans cesse autour des caisses pleines ? Il ne faudra point la prendre pour un Potose ni pour la pierre philosophale, il ne faudra point croire qu'elle

peut tout parce qu'elle pourra beaucoup ;
mais elle pourra faire bien des belles choses,
qui ne dispenseront pourtant pas d'économie. L'économie ! tel est le refrein de tout
bon publiciste. Je vous l'ai entendu prêcher
sur tous les tons, mon cher ami ! Vous vous
récriâtes, je me le rappelle, de joie et d'ad-
miration le jour où ce respectable M. de
Villèle fit éclater, dans la Chambre des Dé-
putés, ce cri patriotique, ce noble cri qui
retentit dans un coin de la salle et dans
toute la France. L'économie est, en effet, le
seul spécifique, le seul préservatif contre les
excès de l'amortissement, qu'elle modère
sans le gêner dans ses laborieux et utiles
efforts.

Quant à la dotation en forêts , je ne l'aime
pas plus que l'incendie décennal ou déca-
daire. Ce n'est pas que je sois persuadé que
l'Etat gagne beaucoup aujourd'hui à être
propriétaire d'immeubles, et surtout de
ceux-là, vous saurez bientôt pourquoi ; ce
n'est pas non plus que je ne convienne de
la nécessité de rendre la caisse amortissante
riche et indépendante ; mais il y a façon de
la rendre l'une et l'autre. L'indépendance

dont elle a besoin regarde surtout ses opérations intérieures. Elle sait bien d'ailleurs
qu'il faut que l'Etat lui donne; elle sait
aussi qu'on peut la dépouiller le jour où on
le voudra; cela ne l'effraie point. Elle n'a
nul espoir d'exister malgré le pouvoir, ou
indépendamment de lui, dans un sens ab-
solu; mais elle ne peut agir que librement,
et si elle consent à dépendre de l'Etat pour
son existence, elle ne veut pas en dépendre
dans ses mouvemens; et c'est pour cette
raison qu'elle réclame une administration
indépendante. Dès qu'elle l'a obtenue, elle
jouit de toute l'indépendance qui lui est
propre, et dont elle a besoin.

Qu'importe qu'elle soit dotée en eaux
ou en forêts, en or ou en argent blanc?
Dès qu'elle n'est qu'usufruitière; tout cela
revient à peu près au même pour elle; et,
disons-le en passant, quand elle seroit dotée
chez nous comme la caisse anglaise, je ne
vois pas ce qu'elle auroit à dire. Mais si la
question de la dotation en forêts est subsi-
diaire et frivole par rapport à l'indépendance de l'amortissement, il n'en est pas de
même à l'égard de sa richesse. Ici la ques-

tion devient importante, et je ne fais nulle difficulté de la résoudre négativement contre M. Z..., parce que son mode d'aliénation des forêts me paroît désastreux , et d'abord parce que c'est aller directement contre les principes fondamentaux de l'amortissement que d'engager des capitaux dans ses opérations. Amortir , c'est proprement aménager une part de ses revenus, de manière à l'élever au niveau du capital de ses dettes. Aliéner des capitaux nombreux pour se liquider, est toute autre chose. Ici même M. Z.... est tombé dans une erreur du ressort des arithméticiens. « Au lieu d'amortir avec les » revenus des bois , qui sont de 30 millions, » dit-il, ce qui au bout de dix ans n'auroit » produit qu'un rachat d'inscriptions de rente » de 470 millions, représentant seulement un » intérêt de 12 millions, à cause de l'in- » cendie de moitié des 470 millions rachetés; » amortissez avec le capital de ces bois, » qui est de 640 millions, ce qui, au bout » de dix ans, produira un rachat d'inscrip- » tions de 1,600 millions, réduits à la vérité à » moitié par l'incendie, mais dont l'intérêt » s'élevera encore à plus du triple de vos 12 millions. » Ce raisonnement parachevé, M. Z... pose 3 sous sa colonne des profits nets, et 1 sous celle de l'amortisseur timide : cela n'est pas juste. Voyez un peu, moncher ami, la triste destinée de l'antique chevelure de nos druïdes. La Gaule avoit un empire de forêts, la France en avoit sauvé 800 mille hectares des mains du tems et de la rage des révolutionnaires. Eh bien ! voilà que cet *immense capital, sauvé par un hasard unique,* devient la proie des *chiffreurs,* qui ne lui font pas seulement l'honneur de le porter en ligne de compte ! Nos forêts auront payé nos dettes, et on remerciera l'amortissement ! Nos forêts auront été vendues, et les *chiffreurs,* après avoir joué quelque tems du gobelet avec leur prix, le déposeront sur la place, en disant qu'ils l'ont tiré de leur génie ! Il ne sera plus question d'elles, une fois qu'elles auront été aliénées. On les aura converties en papier, on aura brûlé la moitié de ce papier ; bref, au bout d'un certain tems, la dette se trouvera payée, et le bénéfice net sera de 3 contre 1 ! En vérité, j'aimerois autant prendre le Pyrée pour un nom d'homme que de convenir de cela.

Voyons maintenant comment M. Z....
aliéne tout d'un coup 800 mille hectares de
bois, sans diminuer le prix vénal des biens
ruraux. Il propose une vente à deux degrés :
le premier de l'Etat à des compagnies sou-
missionnaires, le deuxième des compagnies
aux particuliers. Nous voilà donc retombés
sous le joug des traitans ! J'aurois été bien
surpris si, dans la gêne de notre patrie, il
n'y avoit rien eu pour eux. La belle chose
que les compagnies ! Quel beau zèle vous
leur voyez pour le bien public ! Il faut voter
des honneurs aux compagnies ! et vite des
compagnies ! Où sont-elles, pour venir pressu-
rer l'Etat, le *sangsurer*, je veux dire en sucer
le sang ? Les voyez-vous se jeter toutes à la
fois sur ces pauvres forêts, se les faire adju-
ger sur le pied de 6 et demi pour cent d'intérêt, afin de les revendre sur le pied de
5 et demi, et cela encore en prenant, pour
base d'estimation, le revenu établi dans
les registres de l'administration des forêts ?
Or, vous saurez qu'un de mes parens, qui
vient d'obtenir sa rentrée en possession de
bois à lui précédemment enlevés, les a
reçus des mains de l'administration sur le

pied de 2 mille fr. de revenu brut, et les a revendus 1400 mille fr. (*Ab uno disce omnes.*) Il est vrai qu'on pourra se retirer sur les bois du Clergé. Le bien d'autrui porte bonheur de nos jours. En gardant soigneusement les 400 mille hectares de l'Eglise, l'Etat se dédommagera facilement, et retrouvera le capital équivalent des 800 mille qu'il aura vendus, et je parie que ces malins *chiffreurs* se trouveront encore là pour dire qu'on leur doit ce bienheureux équivalent. Cette fois ils auront raison, je ne leur disputerai point leur gloire. Je n'en dirai pas moins que l'Etat ne sera justifiable de se libérer par de tels moyens, que lorsqu'il aura vainement essayé de tous les autres, et épuisé tous les genres de réformes, aboli sinecures, cumulations, bureaucratie, centralisations, enfin les abus sans nombre sous le faix desquels il succombe.

Après tout, mon humeur ne me rend point injuste. Je ne pense pas comme M. Z..., mais je ne lui en veux pas, parce qu'il ne dit point d'injures à notre immortelle minorité, et qu'il a même eu la pudeur de respecter sa probité touchant l'article des bois de l'Eglise. Il faut le louer des efforts qu'il fait pour désabuser d'avance ses concitoyens d'un amortissement chimérique et sans terme. S'il ne paroît pas fort curieux de laisser des biens à nos neveux, il ne veut pas du moins leur laisser des dettes, et n'est point de ces gens à hypothéquer gaiement le pain des Français de l'an 2440 sur l'amortissement d'aujourd'hui. Il n'a point d'ailleurs cette confiance tranchante dans les idées spéculatives qu'on voit chez l'abbé***, et qui est si inquiétante dans les hommes publics : il a des idées claires, positives, et un style net. Je le soupçonnerois d'avoir déjà rendu de grands services à son pays. Si cela est, puisse-t-il faire sa paix avec ces monstres d'ultrà, et nous en rendre encore ! *vale ut valeam.*

www.ingramcontent.com/pod-product-compliance
Lightning Source LLC
La Vergne TN
LVHW010107060726
842524LV00006B/2382